ABRÉGÉ

DE LA VIE POLITIQUE ET GUERRIÈRE

DU PRINCE

VAHAN LE MAMIGONIEN

HÉROS D'ARMÉNIE AU Ve SIÈCLE

écrit par **LAZARE PARBE**, son secrétaire,

POUR COMPLÉTER L'HISTOIRE
DU SOULÈVEMENT DE L'ARMÉNIE CHRÉTIENNE, PAR ÉLISÉE VARTABED,

publié en français par

L'ABBÉ GRÉGOIRE KABARAGY GARABED,
DE L'ACADÉMIE ARMÉNIENNE DE VENISE.

PARIS.

AU COMPTOIR DES IMPRIMEURS-UNIS,
QUAI MALAQUAIS, N. 15.

1843.

IMPRIMÉ CHEZ PAUL RENOUARD,
rue Garanciere, n. 5.

ABRÉGÉ

DE LA VIE POLITIQUE ET GUERRIÈRE

DU PRINCE

VAHAN LE MAMIGONIEN.

Aucune révolution ayant pour principe ces deux grandes choses, la politique et la religion, surtout lorsque deux peuples rivaux et fiers sont aux prises, n'a cessé subitement pour faire place au calme ; un état désolé par des bouleversemens ne retombe pas sur-le-champ dans le repos primitif d'où il est sorti : l'histoire de tous les temps l'atteste.

La raison seule fait l'homme, métaphysiquement parlant; mais en morale et dans la pratique, c'est l'esprit, c'est l'opinion bien ou mal entendue, qui font l'homme, le peuple et la société. Une fois que l'ordre social est troublé, je maintiens qu'il ne peut jamais retrouver le point de repos d'où il est parti, et qu'il lui faut bien du temps et bien des détours tortueux avant qu'il puisse se frayer un cours à droite ou à gauche, selon le penchant qui l'entraîne.

Le général en chef, prince Vartan, commença

la résistance à l'autorité des Perses, et par conséquent la révolution, fondée en droit et en raison, dont il fut l'âme. Il battit les Perses avec des forces inégales, il battit également ses frères, traîtres ou apostats, et finit par rallier toute la nation à la cause sainte. S'il eût vécu seulement une douzaine d'années de plus, il eût certainement réussi à donner aux affaires une direction très avantageuse, sans élever ses vues politiques plus haut; car tout porte à croire que ses ennemis l'ont calomnié en lui prêtant une arrière-pensée d'intérêt privé et d'ambition personnelle; mais il mourut dès la seconde année de l'insurrection, et laissa ainsi son œuvre inachevée, et la nation très agitée.

La Perse voulait comprimer le soulèvement; mais elle voulait aussi l'Arménie esclave, et, ce qui est bien pis, esclave en âme. Elle s'aperçut bientôt qu'elle n'en viendrait jamais à bout par les mesures coërcitives et les actes de violence. Cette nation, la plus fourbe et la plus astucieuse de tout l'Orient, jugea convenable alors de substituer la ruse, à la force brutale. On cessa de persécuter les chrétiens, mais on essaya sourdement d'amollir leur courage et de les séduire pour arriver au même funeste but par des voies détournées. Pendant cette apparence de calme, les Arméniens se montrèrent tranquilles et soumis, ce qui ne les empêchait pas de nourrir en secret et avec patience le feu sacré, que Vartan avait allumé en eux, en attendant une occasion favorable pour secouer le joug païen. Cette langueur, où l'Arménie était plongée, produisait un très mauvais effet : d'une part, elle donnait aux Perses toutes sortes de facilités pour nouer leurs intrigues clandestines, et de l'autre, elle forçait les Arméniens à veiller sans cesse pour s'opposer à ces manœuvres scandaleuses, ou pour en éviter l'atteinte. Mais enfin ce calme ne dura guère, car en dépit des grandes armées, des efforts de la politique et de l'habileté gouvernementale de l'étranger, le sentiment de la nationalité reprend toujours le dessus à la longue; comme l'instinct du lion tombé dans la servitude, il se réveille puissant, redoutable, irrésistible à la première occasion, et brise tout ce qui lui fait obstacle.

Il était réservé au prince Vahan le Mamigonien, neveu du grand Vartan, le héros de l'Arménie, de faire sortir la nation agonisante de cette déplorable torpeur. Fils d'Hemaïag, frère du prince Vartan, aussi brave que son oncle, et le plus grand politique que l'Arménie ait jamais produit, Vahan termina, après trente-cinq années de négociations, de trèves et de combats, le grand drame révolutionnaire commencé en 450.

L'historien Elisée Vartabed a déposé la plume après le retour de captivité des princes arméniens et le rétablissement du calme qui succéda à cette mesure de haute politique persane.

Nos lecteurs, tant par curiosité que par le désir de voir triompher le bon droit, seront sans doute bien aises de savoir les circonstances du réveil du peuple d'Arménie, et de la lutte heureuse cette fois, qu'entreprit le prince Vahan. C'est pour satisfaire ce désir que nous allons donner sommairement un abrégé de l'histoire qu'a écrite Lazare Parbe, secrétaire ou intendant du prince Vahan le Mamigonien, d'après l'ordre de ce héros lui-même.

Après la mort du roi Hazguerd II, qui arriva l'an 457, son fils Bérose lui succéda; la politique fut changée; ainsi qu'il arrive presque toujours, en cas pareil, dans les gouvernemens absolus. L'Arménie, qui semblait calme, était de fait en pleine anarchie, et penchait ouvertement vers sa décadence. Ses princes es plus illustres et les plus redoutés étaient retenus depuis tant d'années dans la Perse ; ses principaux seigneurs qui avaient émigré chez les Romains, avaient passé au service de l'empire, et le parti des apostats, devenu insolent et insupportable, abusait impunément de son pouvoir, conjointement avec les officiers persans subalternes, chargés d'administrer le pays.

La cour de Perse finit par comprendre que ce système conduisait à la ruine complète de l'Arménie ; elle fut frappée aussi de l'héroïque patience et de la force d'âme de nos vertueux princes exilés, et le roi, cédant à des idées plus généreuses que celles qui avaient dominé son père, donna ordre que tous les princes, au nombre de trente-sept, avec leurs adhérens, parens ou amis, au nombre de plus de soixante, retournassent en Arménie. Il les rétablit dans leurs honneurs, leurs dignités, leurs domaines; et comme s'il eût voulu faire acte de repentir, pour les vexations et tyrannies de toute nature qui avaient désolé le pays d'Arménie, il voulut que les fils orphelins des princes, qui s'étaient révoltés avec le général Vartan, et qui étaient tombés sur les champs de bataille, fussent remis en pleine jouissance des principautés de leurs braves et malheureux pères. Ces mesures larges et réparatrices avaient pour but de faire oublier aux Arméniens les torts passés de la Perse à leur égard, de les rattacher de cœur à la dynastie régnante, et de les éloigner des Romains, dont ils s'étaient fortement rapprochés ; mais la politique vacillante et capricieuse de la Perse inspirait peu de confiance, et n'offrait aucune garantie: les Arméniens gardaient donc, malgré ces beaux semblans, un fonds d'inquiétude et de méfiance, qui devait engendrer de nouveau la guerre lorsque l'occasion s'en présenterait.

Le général Vartan n'avait laissé que des filles qui ne pouvaient hériter de sa principauté. Son frère Hemaïag, tué dans un combat contre les Perses, avait quatre fils : Vahan, Vasag, Ardachés et Vart, qui se partagèrent la principauté de Daron, héritage de leur oncle, le prince Vartan le Mamigonien. Ces jeunes princes étaient tous recommandables par leurs belles qualités; Vahan surtout, qui était l'aîné, excellait dans les exercices militaires, déployait une grande habileté dans la politique, et manifestait enfin au plus haut degré le courage, le talent et les vertus de sa race. Il avait su se concilier l'estime du gouverneur persan, Adrvechnasb Marzban, ainsi que l'amitié des généraux que le roi de Perse avait envoyés en Arménie, et les rapports qu'ils adressaient journellement à la cour, étaient remplis de ses louanges.

Cette conduite de Vahan, qui plaisait au parti chrétien et fidèle, anima contre lui les princes apostats, et particulièrement Caticheau de Korkhorounik, qui employa tous ses efforts à rendre les Mamigoniens suspects à la cour de Perse. Vahan, prévenu à temps de ces manœuvres clandestines, prit le parti, pour détromper le roi, de se rendre inopinément à la cour. Il n'eut pas de peine, grâce à son adresse, à se justifier aux yeux de Bérose, et même à se mettre fort avant dans ses bonnes grâces, qui lui furent fatales pourtant, car, soit faiblesse, soit désir de confondre ses calomniateurs, soit pour se conformer aux désirs du monarque, il abjura le christianisme. Malgré cette triste garantie, le roi, qui n'avait pas renoncé, ce semble, à tous ses soupçons, ne permit à Vahan de retourner dans sa patrie qu'à condition qu'il laisserait à la cour, comme ôtage, Vart, son frère cadet, celui de ses frères qu'il aimait le mieux.

Les honneurs et les distinctions que Vahan dut à son apostasie consternèrent tous ses amis les chrétiens, et accrurent la haine et l'envie que lui portaient déjà les princes arméniens infidèles : ceux-ci s'acharnèrent à sa perte, et n'épargnèrent aucune calomnie pour le rendre suspect au roi. Ils répandirent partout le bruit qu'il amassait de grands trésors, et qu'il avait dessein de les emporter chez les Romains ou chez les Huns, pour y lever des troupes. Ils étaient surtout soutenus dans leur malveillance pour le prince Mamigonien, par l'intendant des mines d'or d'Arménie, un Syrien, du nom d'Vrvie, qui se rendit de sa personne auprès du roi, pour noircir Vahan, son associé dans l'exploitation des mines, des plus odieuses calomnies. Vahan le suivit de près à la cour, et mit aux pieds du roi d'immenses charges d'or. Le monarque fit aussitôt appeler Vrive, et lui ordonna de répéter, en présence de Vahan, les accusations qu'il avait portées contre lui pendant son absence. Vahan n'eut pas de peine à détruire de fond en comble cet échafaudage de faussetés, et le roi, charmé de son éloquence, le renvoya en Arménie, disculpé et comblé d'honneurs.

Au milieu de ces jouissances d'ambition et de ces prospérités enivrantes, Vahan était déchiré de remords causés par son apostasie. Il n'avait pas tardé à revenir en secret à la religion qu'il avait abjurée. Le sentiment patriotique s'était réveillé après le sentiment religieux, et il s'était promis de marcher sur les nobles traces de son oncle. Plein de ces nouvelles pensées, il se rapprocha des princes, qui étaient demeurés fermes dans la foi, et dans leur aversion pour la Perse; il protesta de son repentir, s'ouvrit à eux de ses nouveaux projets, et après s'être concertés ensemble, ils résolurent de se déclarer ouvertement à la première occasion propice, et de secouer un joug honteux pour la patrie.

L'an 481, la guerre éclata entre les Perses, et les Huns et Kouchuns (12), peuples hunniaques qui occupaient les deux côtés de la mer Caspienne, depuis la province de Khorassan jusqu'au défilé de Derbend. Le roi marcha vers l'Orient, sur Khorassan et Balkh (n. 8), puis il ordonna aux princes arméniens de fournir leur contingent de troupes au marzban Adervechnasb; ils devaient se rendre en Albanie et garder les passages du Caucase : c'est le défilé de Derbend (n. 13).

Les troupes arméniennes se divisaient en deux camps, pour ainsi parler : les chrétiens étaient d'un côté, les apostats de l'autre. Ces derniers prodiguaient à tel point l'insulte et les outrages à leurs frères demeurés fermes dans la foi, que les Perses pouvaient passer pour modérés en comparaison; leur insolence, leur haine brutale et leurs attaques journalières réduisaient les fidèles au désespoir.

Cependant, Bérose était loin de faire aux Kouchuns une guerre heureuse; après avoir éprouvé des pertes considérables, il finit par conclure une paix honteuse avec le roi vainqueur.

L'Ibérie profita de cette défaite des Perses pour se révolter; car Vazken, roi d'Ibérie, qui avait de toute son âme embrassé la religion de Zoroastre, était devenu si odieux à ses sujets par ce motif, aussi bien que par les persécutions dont il les accablait, qu'ils se soulevèrent. Il fut tué par Vakhtang, Ibérien vaillant et rusé, qui s'était mis à la tête des rebelles, et qui se fit déclarer roi. Sans perdre de temps, il rassembla des forces et se procura un corps auxiliaire de Huns, pour se défendre contre les Perses, dont il devait redouter la vengeance. Cet événement eut une grande influence sur l'Arménie, qui gémissait sous le double fardeau des Perses et de ses apostats.

Le roi de Perse, informé de cette fâcheuse révolte, donna ordre à marzban Adervechnasb, qui était cantonné en Albanie, de se porter, avec les troupes arméniennes, contre l'Ibérie : ils vinrent, en effet, se porter dans le pays de Schirag, assez loin des frontières des révoltés.

Les troupes persanes et les Arméniens apostats campèrent ensemble, séparés des Arméniens restés chrétiens. Cet isolement inspira à ceux-ci la pensée de mille et mille choses. Ils finirent par agiter dans leurs tentes la question de savoir, s'il ne vaudrait pas mieux se joindre aux Ibériens, faire cause commune avec eux, et, par l'assistance des Romains, affranchir l'Arménie du joug des infidèles. Ils connaissaient déjà les grands talens politiques et guerriers de Vahan et son opinion ; ils le consultèrent de nuit, en secret, sur le parti qu'ils devaient prendre. Après avoir exprimé, en termes très vifs, l'amertume des regrets que lui inspirait le crime qu'il avait commis en abandonnant sa religion, le prince Mamigonien leur dit « qu'il n'avait rien de plus à cœur que de se réhabiliter dans l'opinion de ses frères, d'effacer le scandale que sa faiblesse avait causée, et de mériter la miséricorde divine en se dévouant jusqu'à la mort à la cause sainte; mais il ajouta que, tout bien considéré, il ne pouvait conseiller à ses amis d'engager une lutte contre les Perses, dont il appréciait mieux que personne la puissance. « Vous connaissez, « poursuivit-il, quelle est l'inefficacité des pro- « messes et l'incurie lâche des Romains. Les Ibériens « sont peu nombreux, inconstans d'ailleurs; et « quelle confiance peuvent inspirer des barbares tels « que les Huns? Vous ne pouvez obtenir par vous- « mêmes le résultat que vous cherchez; car il y a parmi « vous plus d'un faux frère, et plus d'un traître à « qui les mots patrie, nationalité, fraternité, ne font « pas la moindre impression, tant leur âme est ab- « jecte ou insouciante. Pensez à tout cela avant de rien « déterminer. » Les princes ne furent pas dissuadés par ces justes représentations; ils protestèrent que ce n'était ni dans l'alliance des Romains, ni dans le concours des Ibériens et des Huns qu'ils plaçaient leur confiance, mais dans la miséricorde de Dieu et l'intercession des glorieux martyrs qui avaient versé leur sang pour l'Arménie (p. 137), et qu'ils brûlaient d'imiter, protestant qu'ils préféraient tous périr en un seul jour sur le même champ de bataille, que d'être plus long-temps témoins des humiliations conti- nuelles que la croix et le peuple fidèle supportaient.

Vahan et ses frères ne purent résister à cet ardent enthousiasme, et, sans calculer davantage, ils se déclarèrent ouvertement, et jurèrent, entre les mains des prêtres et sur l'Evangile, de combattre jusqu'à la mort pour la religion chrétienne et l'indépen- dance de la patrie, sans cependant rien décider sur le jour et l'heure où devait éclater cet héroïque complot.

Or, il y avait parmi les nobles conjurés un traître qui s'empressa de se rendre pendant la nuit même auprès du marzban ; il l'instruisit des discours, de la résolution et des sermens des princes. A cette nouvelle, le général persan et les princes apostats furent saisis d'une espèce de terreur panique ; car ils étaient en petit nombre, et s'imaginant que les chrétiens allaient sur-le-champ fondre sur eux, ils profitèrent de la nuit pour prendre la fuite en hâte, et ne s'arrêtèrent qu'à Ani, d'où ils s'efforcèrent de gagner, par différens chemins, la ville forte d'Ardachade.

Encouragés par cette insigne lâcheté et cette fuite sans combat, les princes révoltés s'attachèrent à la poursuite des fuyards, qu'ils gagnèrent de vitesse, et firent un grand nombre de prisonniers, parmi lesquels était le traître qui les avait dénoncés aux Perses. Ils vinrent ensuite mettre le siége devant Ardachade, d'où le marzban, n'ayant aucun moyen de résister, s'enfuit à la faveur de la nuit vers la province d'Aderbedjan ; il fut suivi de son intendant et des princes attachés au parti des Perses.

La retraite précipitée du gouverneur, et la faiblesse des garnisons persanes, laissèrent Vahan et ses adhérens maîtres de toute l'Arménie et de l'administration gouvernementale. Ils comprirent que leur tâche ne faisait que de commencer, et qu'ils devaient s'appliquer, sans perdre de temps, à régulariser le grand mouvement, à étendre l'insurrection, et à s'assurer les moyens de résister avec avantage à leurs ennemis, qui ne pouvaient manquer de revenir.

Leur premier soin fut de se donner des chefs. Le prince des Pagradouniks, Sahag, qui jouissait d'une très grande considération, fut déclaré marzban, et Vahan, nommé général en chef, reçut le serment d'obéissance absolue de l'armée chrétienne.

Lorsque le marzban des Perses, et avec lui tous les fugitifs, furent en sûreté et revenus de leur première terreur, ils s'aperçurent qu'ils avaient commis une faute énorme à l'honneur militaire de la Perse, et se dirent que la cour ne leur pardonnerait jamais ce honteux abandon de tout un royaume. S'étant réunis en conseil, ils résolurent, pour regagner promptement l'honneur qu'ils avaient perdu, de ne pas laisser à Vahan le temps de s'affermir et de grossir le nombre de ses partisans en propageant la rébellion; ce qu'ils voulaient surtout, c'était de l'empêcher de faire cause commune avec l'insurgé Vakhtang, et de s'allier aux Romains. Il fut donc résolu qu'on retournerait sur ses pas avec une grosse armée le plus tôt possible.

Il n'était pas difficile à un marzban comme Adervechnasb, de réunir, à l'aide de ses collègues, les gouverneurs des cantons voisins, un corps de troupes imposant. Il rassembla des détachemens d'Aderbedjans, de Mèdes et de Cadusiens, armés de toutes pièces, et sans tarder plus long-temps il se dirigea à marches forcées vers l'Araxe, qu'il voulait passer dans les environs de Nakdjivan.

Le retour subit du marzban perse déconcerta beaucoup nos princes. Plusieurs d'entre eux songeaient déjà à se réfugier dans les montagnes de

Daïk, pensant qu'il serait plus facile de s'y défendre avec avantage, en profitant de la configuration physique du pays ; on s'y ménagerait, disaient-ils, les moyens de reprendre l'offensive quand l'occasion serait plus favorable. Cette résolution timide n'eut aucune suite. Les principaux chefs, hardis comme on doit l'être en pareille circonstance, ne balancèrent pas à affronter toutes les forces des Perses, comptant sur la protection divine. Cependant, pour ne pas négliger les conseils de la prudence humaine, ils décidèrent que le marzban Sahag et le général Vahan, avec quelques princes, et une petite partie des troupes, resteraient à Dovin ; tandis que le prince Vassag, frère du général, se mettrait en campagne avec le reste des princes et la fleur de la noblesse arménienne, déterminée à vaincre ou à périr. Par ce moyen, en cas d'échec, le courage national ne serait pas abattu, les chefs de la révolte restant à l'abri des événemens pour le soutenir, et nos ennemis ne pourraient se flatter de nous renverser d'un seul coup.

Encouragés par les paroles saintes et émouvantes des prêtres, solennellement bénis par le patriarche, les guerriers chrétiens, au nombre de quatre cents, à peine, se dirigèrent audacieusement vers les lieux où l'ennemi voulait tenter un passage de l'Araxe. Lorsqu'ils furent arrivés dans un lieu nommé Varazkerd, ils apprirent que l'armée persane, forte de sept mille hommes, avait déjà passé le fleuve. Vassag fit faire à sa petite troupe un mouvement vers les montagnes, dans un terrain difficile, où il pouvait se poster avantageusement. A la tête d'un faible détachement il poussa droit à l'ennemi, puis feignant d'être effrayé de l'inégalité du nombre, il se replia avec un désordre apparent vers la position prise par sa petite armée, pour y attirer les Perses à sa suite. Ce stratagème lui réussit complétement. Fiers de leur supériorité numérique, et croyant marcher à une victoire certaine, les Perses chargèrent mollement et avec dédain cette petite troupe chrétienne. Mais ceux-ci, en gens déterminés à mourir, formèrent quatre divisions de cent hommes chacun, et ne balancèrent pas à affronter toutes les forces des Perses, et les attaquer vivement. Au moment où la lutte était la plus acharnée et la plus sanglante, un des princes, à la tête de ses cent hommes, déserta la cause des héros, et passa aux Perses. Cette affreuse défection ne découragea ni Vassag ni ses braves compagnons d'armes ; ils redoublèrent d'efforts et déployèrent une bravoure si prodigieuse qu'ils remportèrent enfin une grande et complète victoire. Le marzban Adervechnasb fut tué ainsi que les généraux des Mèdes et des Caduciens ; le champ de bataille resta couvert de morts, et le reste de l'armée battue chercha son salut dans la fuite.

Cette glorieuse victoire fut le commencement de la délivrance de l'Arménie du joug honteux de la servitude étrangère, et fit augurer un avenir heureux. L'hiver, qui survint bientôt après, suspendit les hostilités.

Pendant cet intervalle de repos, Vahan ne négligea rien pour organiser une résistance énergique contre les Perses, que le printemps ne pouvait manquer de ramener avec des forces supérieures. Par ses ordres, des messagers se rendirent dans les quatre principautés méridionales de l'Arménie pour inviter les princes et les seigneurs les plus puissans de ces cantons à entrer dans la sainte ligue. Soit que le souvenir des maux qu'ils avaient soufferts pendant la première insurrection, les rendît timides et circonspects, soit plutôt insouciance religieuse et jalousie cachée contre les princes mamigoniens, ils restèrent froids aux pressantes sollicitations du prince (n. 38), et congédièrent ses députés avec quelque chose voisin du mépris. Ce lâche exemple ne manqua pas d'imitateurs dans maintes contrées, et bien peu de ces seigneurs méridionaux s'enrôlèrent sous le drapeau de la foi.

Le général en chef écrivit aussi au roi d'Ibérie pour lui demander le secours des Huns, qu'il avait promis. Ce secours se fit long-temps attendre, et se réduisit, en dernière analyse, à trois ou quatre cents mauvais soldats, qui furent bientôt rappelés sous un prétexte frivole. Telle était la situation de Vahan au retour du printemps de l'année 482.

Pour le roi de Perse, il avait rassemblé une armée dans l'Aderbedjan, et il en avait confié le commandement à un habile général en chef, nommé Adernerseh, avec quatre généraux sous ses ordres. Ils étaient chargés de se saisir de Vahan mort ou vif, et de massacrer tous ses compagnons sans miséricorde : c'était le dernier mot du roi.

La marche de cette armée formidable n'effraya ni

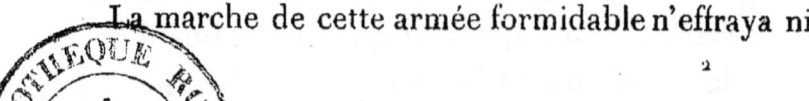

Vahan ni ses alliés. Ils se rassemblèrent à Dovin chez le patriarche, pour se réconcilier avec Dieu par de ferventes prières, et implorer son assistance. La parole sainte des prêtres, et le souvenir de leurs derniers exploits les enflammèrent tellement, qu'ils n'hésitèrent pas à prendre la résolution formelle de défendre leur foi et leur pays jusqu'à la dernière extrémité.

Leur armée passa l'Araxe, et vint à la rencontre des ennemis jusque dans la province d'Ardaz (p. 117), déjà célèbre par le martyre du grand Vartan et de ses généreux compagnons, trente-et-un ans auparavant. L'armée persane était campée dans une plaine, et le général arménien, sentant combien il lui importait de profiter de l'ardeur de ses soldats, qui, pour la plupart, se composaient de volontaires nouvellement levés, se hâta d'en venir aux mains.

Au point du jour Vahan sépara les troupes en trois corps : il devait prendre le commandement d'un corps de réserve; mais, après avoir examiné les dispositions de l'ennemi, il se mit à la tête de l'avant-garde, et ordonna à ses gens de le suivre lentement, et de n'en venir aux mains que lorsqu'ils le verraient engagé lui-même. Fiers de leur supériorité numérique, les Perses ne refusèrent pas le combat. Les Caduciens, célèbres dans l'armée persane par leur valeur, engagèrent l'action, soutenus par la troupe des Siouniks, qui étaient tous des Arméniens apostats. La résistance que Vahan opposa à ces troupes, et la valeur héroïque qu'il déploya, animèrent les combattans arméniens qui le suivaient, et bientôt l'affaire devint générale. Des deux côtés on se battit avec courage. Les Perses rompirent l'aile droite des Arméniens, qui se replièrent presqu'en désordre; mais Vahan s'élança sur le champ de bataille comme l'aigle s'abat sur sa proie ; il tua de sa main un des quatre généraux persans, et son compagnon Gamsaragan Nerseh, frappa de sa lance le second général ennemi, et lui fit mordre la poussière. Le Sahag marzban et le général persan Adernérseh se rencontrèrent au milieu de la mêlée. Après avoir brisé leurs lances en s'attaquant avec fureur, ils se battirent à coup d'épée et se saisirent corps à corps. Dans cette lutte, le général persan fut renversé de cheval, et prit la fuite dans la foule.

Les Perses, forcés de reculer devant les nôtres, abandonnèrent sur le champ de bataille, deux de leurs généraux, tombés au milieu d'une multitude de soldats, et se retirèrent confus et abattus vers leur quartier de sûreté, à Aderbedjan.

Les Arméniens poursuivirent les fuyards jusqu'à la nuit tombante : alors, sûrs qu'ils ne pouvaient plus renouveler le combat, ils revinrent sur leurs pas, et, après avoir fait un immense butin sur le champ de bataille, ils se dirigèrent du côté de Dzaggoden, aux sources de l'Euphrate, pour s'y délasser un peu de leurs travaux guerriers. Tandis qu'ils s'occupaient à offrir à Dieu, dans les temples, leurs actions de grâces de cette éclatante victoire, et que chacun racontait à ses camarades les exploits, et les noms de ceux qui étaient tombés sur le champ d'honneur pour la délivrance de la patrie, Vart, prince mamigonien, qu'on gardait en Perse comme otage de la fidélité de son frère Vahan, arriva au milieu d'eux, échappé de la Perse. Cette heureuse nouvelle, qui n'était pas moins extraordinaire que leur victoire, ne tarda pas à se répandre dans tout le pays, où elle causa la plus grande joie, et redoubla la confiance des Arméniens dans cette Providence divine qui les protégeait si visiblement.

Le roi de Perse avait envoyé dans le même temps une autre armée dans l'Ibérie; Mihran, général renommé par sa naissance et sa valeur, la commandait. Il s'était en peu de temps rendu maître de tout le pays, et le roi Vakthang, vivement pressé, s'était réfugié dans les montagnes qui séparent l'Ibérie de l'Arménie. Dans cette extrémité fâcheuse, il réclama l'alliance qu'il avait contractée avec Vahan et ses confédérés. Ses messagers vinrent trouver les Arméniens vainqueurs. Les lettres de Vakthang étaient pressantes. Il remontrait que son pays était envahi par l'ennemi commun; mais que le secours des Huns, qu'il attendait, et les troupes victorieuses des Arméniens pouvaient, en s'unissant à son armée, rétablir bientôt ses affaires.

Vahan et ses alliés, qui avaient contracté avec le roi d'Ibérie une alliance sincère, ne balancèrent pas à voler à son secours. Après avoir mis en sûreté le butin enlevé aux Perses, ils passèrent l'Araxe et effectuèrent leur jonction avec les troupes ibériennes dans les régions montagneuses de Gangal. Cependant on perdit beaucoup de temps à attendre les Huns que Vakthang attendait, disait-il, dans trois jours, dans six jours, et qui n'arrivaient pas. Quelquefois le prince ibérien, faisant allumer de grands feux par ses propres agens au haut des montagnes les plus lointaines, s'écriait avec de feints transports de joie : « Les voilà enfin ! ils sont campés là-bas. Allons les « rejoindre ! » Il savait fort bien cependant que pas un de ces alliés barbares n'était en marche pour s'adjoindre à lui. Son but était d'éloigner le plus possible les Arméniens de leurs frontières et de les mettre aux mains avec les Perses. Il les traînait de montagne en montagne au milieu de fatigues de toute nature et de privations de tout genre, les sacrifiant, eux, ses sincères alliés, par une politique criminelle, à sa propre conservation. Les chefs arméniens, dupes de leur artificieux conducteur, ne s'aperçurent de ses desseins que lorsqu'ils se virent non loin des bords du Cyrus, aux environs d'Akezga, en face de l'armée de Mihran, qui y était campée en belle ordonnance dans une excellente position, et forte en apparence de cinq mille hommes.

Une situation aussi alarmante jeta la terreur dans l'âme des troupes arméniennes, harassées de fatigue ; mais quoique Vahan comprît très bien les circonstances fâcheuses où il se trouvait, il prit le parti de combattre. « Une retraite honteuse, dit-il à ses trou-
« pes, encouragerait nos ennemis, et c'est ce qu'il
« faut bien nous garder de faire. Soit ici, soit chez
« nous, c'est pour la foi, c'est pour la patrie que

« nous combattons avec l'assistance du ciel. Deux
« fois la Providence nous a secourus; il ne convient
« pas que nous paraissions douter de son appui la
» troisième. »

Quelques hommes faibles de cœur se laissèrent pourtant saisir par l'effroi en voyant la disproportion des forces qui allaient combattre. Ils envoyèrent pendant la nuit des émissaires au camp de Mihran et lui promirent d'abandonner Vahan pendant la prochaine bataille et de passer aux Perses. Les chefs arméniens, qui eurent connaissance de ces indignes manœuvres, n'en persistèrent pas moins à vouloir mériter la couronne du martyre, si celle de la victoire leur faisait défaut.

Vahan rangea donc son armée en bataille. Il plaça les Ibériens et leur roi, dans lesquels il avait peu de confiance, à l'aile gauche, et le prince Vahouni à l'aile droite; il resta au centre avec son frère Vassag. Le marzban Sahag fut chargé de maintenir les communications entre son corps d'armée et l'aile droite. On s'attaqua avec fureur. Vahan et tous les princes déployèrent une bravoure surhumaine; une multitude de Perses tombèrent sous leurs coups, et ils jetèrent le désordre dans l'armée de Mihran. Leur désespoir suppléait au nombre, et le dévoûment héroïque semblait balancer la fortune : ce fut au moment même de la crise que les traîtres, en effectuant leur criminelle désertion, jetèrent la confusion dans toute l'armée. Dès le premier choc, les Ibériens et Vakthang lâchèrent pied; beaucoup d'Arméniens imitèrent ce lâche exemple et s'enfuirent, tandis que d'autres rendaient leurs armes aux Perses : ce fut moins un combat qu'une déroute. Le marzban Sahag et le prince Vsasag, avec un grand nombre de leurs braves compagnons, périrent au milieu des bataillons persans, après des prodiges de valeur. Vahan et quelques autres chefs, voyant qu'il n'y avait pas moyen de rallier les fuyards et de rétablir le combat, prirent le parti de chercher, eux aussi, leur salut dans la fuite. Ils s'éloignaient du champ de bataille de toute la vitesse de leurs chevaux, lorsqu'ils rencontrèrent le prince Babkén blessé et couché sur un monceau de morts. Vahan, dans ce pressant danger, négligea le soin de sa propre conservation pour sauver son ami : il le fit monter sur son propre coursier, et, ayant été assez heureux pour atteindre la province montueuse de Daïk avec quelques princes, il s'enferma dans une forteresse inaccessible où il réunit une centaine d'hommes, vaillans débris de son armée.

Plusieurs fuyards tombèrent entre les mains des Perses. Le cheval de Hrahad, frère du prince Nerseh, dans sa course précipitée, s'abattit, et son maître, qui était blessé, fut fait prisonnier, ainsi qu'un brave seigneur du nom de Hazd et beaucoup d'Ibériens de marque. C'était une mince compensation pour Mihran, dont l'armée avait éprouvé de très grandes pertes. Furieux que Vahan lui eût échappé, le général des Perses le poursuivit de rocher en rocher jusque dans les régions sauvages de Daïk, situées à l'extrême frontière aux confins de l'Ibérie et sur l'extrême frontière de l'empire romain. La place forte où Vahan s'était réfugié était d'un si difficile accès, qu'il y bravait toute l'armée des Perses.

Mihran, bien convaincu qu'il n'assurerait jamais la tranquillité de l'Arménie et de l'Ibérie s'il ne parvenait à se rendre maître de la personne de Vahan, et désespérant d'y parvenir de vive force, résolut d'employer la ruse. Des messagers vinrent trouver de sa part le prince fugitif pour lui témoigner l'estime et l'admiration que son courage lui inspirait, et pour lui offrir de s'employer à lui obtenir le pardon du roi; il essaya de l'éblouir par de magnifiques promesses, et se fit fort de lui obtenir, non-seulement de grands honneurs pour lui-même, mais encore la liberté du culte, et enfin tout ce qu'il désirait pour le bien-être de sa patrie.

Mais Vahan, le meilleur politique, dont puisse se vanter l'Arménie, connaissait trop bien l'astuce des Perses pour se fier à leurs promesses. Il ne fut nullement dupe de ces fausses démonstrations d'amitié, et répondit aux envoyés du général persan ces paroles fortes et graves : « Quand un roi n'est pas impartial, et qu'il n'a pas le discernement de récompenser ses serviteurs selon leur mérite; quand il ne voit que par les yeux jaloux de ses courtisans, qu'il ne prête l'oreille qu'aux envieux, qu'il n'élève en honneur que les intrigans, et ne suit dans la politique que les inspirations de son humeur capricieuse ou de ses favoris, bien insensés sont les serviteurs, qui se soumettent à un pareil maître, et tout homme de cœur, de sens, et de quelque amour-propre se trouve dans l'impossibilité de lui obéir.

« Ce pays d'Arménie, si vaste et si utile à la monarchie persane, lequel de vos rois l'a traité dignement? Quel homme de mérite y voit-on élevé en honneur? aucun. Les fripons, les gens sans aveu et les intrigans y sont seuls revêtus du pouvoir et des dignités, non pas en récompense de leurs bons et loyaux services, mais simplement pour avoir adoré le feu et la cendre devant vous. Et, ce que vous ne soupçonnez point, c'est que, de retour dans leurs foyers, non-seulement ils ne l'adorent pas, votre dieu élémentaire, mais ils y jettent par mépris toute sorte d'ordures. Voilà ceux qu'il plaît à votre roi d'honorer, mais la sagesse dans le conseil, mais la valeur à la guerre, ces qualités qui affermissent les royaumes et qui font fleurir les états, il les compte pour rien et n'en a nul souci.

« Je connais aussi bien que vous le discours que le roi Bérose tint en pleine assemblée des grands du royaume. Les Assyriens, dit-il, sont une troupe vile et maladroite; mais les Arméniens sont les pires de tous. A qui la faute, si ce n'est à lui-même? Il a forcé à l'apostasie les plus vaillans et les plus renommés de nos princes, et il les a comblés d'honneurs et de richesses pour les énerver; pour ceux qui sont demeurés fermes dans la foi, il les a constamment écartés du gouvernement et des places, au mépris de ses promesses solennelles; il a confié l'administration du pays à des nouveaux parvenus, tout a été mis en œuvre pour affaiblir l'Arménie et y détruire cette valeur guerrière dont la Perse a toujours donné des preuves à ses dépens, et vous aussi, si je ne me trompe; c'est ainsi qu'on nous a perdus et avilis de dessein prémédité : de quoi donc Bérose osait-il se plaindre !

« Moi qui n'ai garde de me mettre au nombre des héros, j'ai livré deux batailles aux Perses ; la troisième nous a mis aux mains vous et moi. Dans les deux premières, avec une poignée d'hommes et sans auxiliaires, nous avons battu de nombreuses troupes et d'illustres généraux : votre roi ne l'ignore pas. Dans la troisième même, nous sommes plutôt vainqueurs que vaincus; si vous en doutez, prenez la peine de compter vos morts et les nôtres ! Si nous avons lâché le pied, ce n'est pas par faiblesse d'âme, mais à cause de la désertion des traîtres par vous corrompus : leur lâcheté seule nous a empêchés de remporter sur vous une pleine victoire.

« Je suis persuadé que vous êtes capable d'obtenir du roi en ma faveur tout ce que vous promettez; mais à Dieu ne plaise ! que je fasse passer mon intérêt privé avant l'intérêt général! Avant tout il faut que le roi s'engage à laisser l'Arménie professer sans obstacle le culte chrétien, et qu'il nous débarrasse de tous les pyrées. Il faut qu'aucun homme obscur et sans mérite ne soit plus élevé aux emplois, uniquement pour avoir embrassé le culte du feu. Il faut que désormais le mérite et la capacité personnels soient l'objet des faveurs royales. Embrassez ce nouveau système de gouvernement, vous serez les bienvenus à être nos maîtres, vous trouverez en nous de fidèles sujets. Mais si vous continuez l'ancien ordre de choses; nous ne nous soumettrons point à votre pouvoir; non, jamais!

« Nous n'ignorons pas que nous vous sommes grandement inférieurs en force et en puissance; vous nous avez absorbés dans votre vaste empire et effacé notre dynastie royale du tableau du monde. Mais nous sommes résolus à vaincre ou à mourir, et nous nous battrons avec enthousiasme pour défendre une cause sainte. Mourir sur un champ de bataille pour la religion de Jésus-Christ, c'est acquérir un triomphe éternel; vivre dans l'apostasie pour l'amour de quelques honneurs reçus de votre main, c'est au contraire mourir de la mort éternelle. »

Le temps se consumait sans profit en messages continuels, lorsque Mihran reçut inopinément l'ordre de retourner en Perse avec son armée; car la guerre acharnée que le roi Berose soutenait à cette époque contre les Kouchhuns nécessitait l'emploi de toutes ses forces sur la frontière orientale de son empire. Mihran, en s'en allant, emmena tous les prisonniers arméniens pour en faire parade, et entre autres deux seigneurs de la plus haute distinction, Hazd et Hrahad. Le frère de ce dernier, le prince Nerseh, n'avait plus de repos depuis que son frère était prisonnier des Perses. Poussé par l'amour fraternel, il résolut de l'arracher aux fers de ses vainqueurs, et, s'étant mis à la tête d'une petite troupe d'hommes déterminés, il rôdait autour du camp des Perses dans l'espoir de profiter du premier moment où les captifs seraient un peu à l'écart, pour les délivrer. Hrahad, instruit secrètement de l'approche de Nerseh, parvint à s'évader et à rejoindre son frère: puis tous deux se rendirent à la ville de Dovin, chez le patriarche.

Mihran, irrité au dernier point de cette évasion, fit retomber le poids de sa colère sur son autre prisonnier noble, Hazd. L'ayant fait amener devant lui, il lui ordonna de choisir entre la mort et l'apostasie. Pour toute réponse, le noble Arménien tendit sans balancer sa tête au bourreau, et reçut la couronne du martyre.

Le départ précipité de Mihran laissa le champ libre à Vahan, qui put descendre alors de sa forteresse inexpugnable pour se rendre à Dovin à la tête d'une centaine d'hommes. Tout ce qui avait échappé au dernier désastre s'y rassembla bientôt autour du général, et l'on y prit les quartiers d'hiver.

Sur ces entrefaites, il arriva d'Ibérie quelques hommes porteurs d'une étrange nouvelle, qui n'avait de bon que l'apparence. « Deux de vos princes, di-
« rent-ils aux seigneurs arméniens, Vassag, frère de
« Vahan, et le marzban Sahag, n'ont pas été tués,
« mais seulement grièvement blessés dans la der-
« nière bataille; maintenant ils se portent bien l'un
« et l'autre, et vous prient de leur envoyer un dé-
« tachement pour la sûreté de leur voyage. » On n'a jamais connu ni le but ni l'auteur de cette ma-

nœuvre. Vahan, qui n'était que trop certain de la mort de son frère et de son ami, avait résolu d'abord d'opposer un refus à cette demande, qui lui semblait cacher un artifice nuisible à sa cause; mais, vaincu par les instantes prières des veuves et des compagnons des deux princes, il consentit malgré lui à envoyer un détachement composé de la meilleure partie de ses troupes pour les ramener. Cette condescendance eut des suites funestes, ainsi qu'on le verra bientôt.

Vers le commencement du printemps de l'an 483, tandis que les Arméniens croyaient les Perses trop occupés chez eux pour songer à entreprendre une nouvelle expédition, une forte armée persane s'achemina vers l'Arménie sous les ordres du général Hazaravougd. Les apostats et les traîtres, qui enviaient la gloire des confédérés, instruisirent l'ennemi de la fatale sécurité de Vahan, resté presque seul à Dovin. Les Perses passèrent promptement l'Araxe et vinrent investir la ville. Le prince mamigonien et ses alliés, n'étant pas en mesure de résister, résolurent de saisir un moment favorable pour s'échapper, et d'aller chercher ensuite un refuge dans les montagnes. « Car, disait Vahan, ce n'est pas à la ville qu'ils en « veulent, c'est nous qu'ils cherchent, et si nous « parvenons à nous sauver, ils nous poursuivront « assurément. » Après s'être concertés ensemble, ils sortirent un à un de la ville, et, s'étant réunis ensuite sur un seul point plus négligemment gardé que les autres, ils fondirent à l'improviste sur les Perses, dont ils firent un grand carnage, et parvinrent à se faire jour à travers leur camp. Deux braves princes seulement, Vorti de Timaksiank, Khatcate de Saharounik, restèrent morts dans cette lutte désespérée.

L'audace de Vahan et de ses compagnons irrita tellement le général Hazaravougd, qu'il jura d'en tirer une vengeance éclatante, et de ne rien épargner pour s'emparer de la personne du chef arménien. Sans différer, il se mit à la poursuite des fugitifs; mais Vahan le gagna de vitesse, et parvint à se réfugier pour le moment dans les lieux les plus inaccessibles de Daïk, dans la Chaldée Pontique, à la frontière de l'empire.

Peu de jours après que Vahan et sa troupe eurent quitté Dovin, ceux qui étaient allés infructueusement à la recherche des deux princes morts, rentrèrent en Arménie. Ayant appris le désastre qui était arrivé à leurs frères d'armes pendant leur absence, et voyant toute la province plongée dans plus profonde anarchie, chacun retourna chez soi, en se réservant pour des temps meilleurs.

Cependant Vahan, suivis d'un petit nombre d'hommes déterminés et d'amis à l'épreuve, continuait par ses ruses, son activité, sa vaillance, d'être la terreur de l'ennemi qui le poursuivait. L'adversité fut aussi glorieuse pour lui, que l'avait été la prospérité. Le général persan, dans ses marches, se vengeait de son non-succès sur les bourgs et sur les villages qu'il livrait au pillage et à l'incendie. Ayant appris par ses espions que Vahan était posté à peu de distance de lui, dans un bourg de l'Arménie romaine, il crut qu'il lui serait plus facile de le surprendre sur un territoire que le chef arménien devait regarder comme inviolable; il se trompait: Vahan était sur ses gardes, et, quoique attaqué de nuit, il échappa aux Perses et descendit dans la province d'Erzeroum, aussi frontière de l'empire.

Hazaravougd, furieux d'avoir encore manqué sa proie, déchargea sa colère sur les autres fugitifs qui s'étaient retirés en ce lieu, et sur beaucoup d'habitans, qu'il fit égorger. Ce qui le consola un peu, ce fut de s'être emparé des femmes des deux frères, princes Nerseh et Hrahad, les plus dévoués amis de Vahan; car il crut qu'il pourrait, au moyen de ces deux illustres captives, engager leurs vaillans époux à se détacher du parti de Vahan, et même à amener ce général à faire sa soumission, ou plutôt à sa perte.

Pour mettre ce dessein à exécution, il se mit sur les traces de Vahan avec des guides et des espions. Arrivé dans la province, il campa peu loin de Vahan, dans une attitude plutôt pacifique qu'hostile, pour essayer d'accomplir ses malignes pensées.

Il y était à peine arrivé qu'un courrier extraordinaire lui apporta des lettres de sa cour dans lesquelles on lui annonçait que Bérose lui-même allait partir pour commencer une nouvelle campagne contre les Kouchuns; on lui enjoignait de quitter l'Arménie et de se porter, sans délai, en Ibérie pour prendre, tuer ou chasser le roi Vakthang qui entretenait des rapports d'amitié avec les Huns, alliés des Kouchuns. La même dépêche ordonnait à Hazaravougd de remettre le gouvernement de l'Arménie, et le titre de marzban au célèbre Persan Schapour, et de lui laisser un bon corps de troupes d'élite. Il remit en effet trois mille soldats des plus braves de son armée à son successeur, ainsi que la troupe des apostats commandée par Gedehon, prince de Siounik, et partit pour exécuter les ordres qu'il avait reçus. La conquête de l'Ibérie ne lui coûta guère, attendu que Vakthang prit aussitôt le parti de se réfugier en Colchide.

Schapour cependant n'épargnait rien pour mettre à exécution le projet de Hazaravougd. Il fit enfermer les deux princesses captives dans un fort, et il en confia la garde à un honnête officier, avec l'ordre de les traiter avec les plus grands égards, espérant par là engager leurs maris à abandonner Vahan. Il fit proposer aux deux princes, de rendre la liberté à leurs épouses, s'ils voulaient faire périr ou livrer Vahan, en leur offrant les plus magnifiques récompenses. Cette infâme proposition fut rejetée avec horreur. Nerseh et Hrahad répondirent que « même pour sauver ce qu'ils avaient de plus cher au monde, jamais ils ne consentiraient à trahir la cause de Dieu, leur devoir et leur honneur. Qu'ils aimaient mieux renoncer à l'espoir de revoir jamais leurs femmes et leurs enfans, que d'abandonner lâchement un héros, leur parent et leur ami. » Schapour, voyant qu'il n'y avait aucun espoir de réussir par la ruse, résolut de poursuivre à outrance Vahan et ceux qui lui étaient restés fidèles. Vahan était alors dans ses domaines de Daron, près de l'Arménie romaine, pour se procurer des renforts. Schapour en fut informé : il se mit sur ses traces avec quatre mille hommes armés de toutes pièces pour l'attaquer à l'improviste. Vahan, qui était toujours vigilant, leur échappa, et traversa la frontière sur les bords orientaux du lac de Karin, district d'Erzeroum. Les Perses le poursuivirent avec tant d'ardeur qu'ils violèrent encore une fois la neutralité du territoire romain.

Trois des princes et une douzaine de braves du corps de Vahan prirent leur route par les rives septentrionales du lac de Karin. Ils y furent atteints par un détachement de Perses. Ils ne balancèrent pas un instant à prendre l'offensive, battirent les ennemis, leur tuèrent soixante-douze hommes et les mirent en fuite. Ces guerriers ne tardèrent pas à rejoindre Vahan qui, après l'entrée des Perses sur le territoire romain, avait repassé la frontière dans un lieu nommé Erèz où il prit ses quartiers.

Tant de bonheur accrut l'audace de ces redoutables fugitifs; aussi, malgré la disproportion de leurs forces, ils devinrent agresseurs à leur tour. Ayant joint à leurs soldats les habitans d'Erèz, ils conçurent le hardi projet d'attaquer Schapour, et mirent en usage pour cela autant de ruse ingénieuse que de valeur. Ils fondirent sur un corps assez nombreux qui s'était mis en embuscade dans un lieu rempli de broussailles, et lui tuèrent six cents hommes. Le reste, au nombre de plus de deux mille soldats, prit honteusement la fuite devant une poignée de guerriers.

Les Arméniens perdirent, dans cette affaire, un prince et quelques hommes. La nuit empêcha Vahan de poursuivre les fuyards ; il se porta dans une autre direction, vers un bourg fortifié, où lui et les siens passèrent la nuit dans une ferme, et le lendemain ils s'en allèrent vers un autre bourg nommé Chedia.

Schapour, impatient de se venger, avait rassemblé en hâte une armée de quatre mille hommes environ, et se disposait à cerner Vahan dans la position où il s'était retiré. Le prince apostat de Siounik, avec ses compagnons d'armes, exhortait sans cesse le marzban à ne donner aucun relâche à Vahan : « Il ne faut pas, disait-il, lui laisser le temps de rassembler de nouveau une armée, et notre retard fait son progrès. »

Vahan n'eut pas plus tôt compris le dessein de l'ennemi, qu'il rangea en bataille sa petite troupe d'à-peu-près cent hommes, la harangua et marcha sans différer à la rencontre des Perses. Le général persan fut tellement stupéfait d'une pareille audace, qu'il s'écria : « Voilà une vraie poignée de fous ! qu'on les saisisse tout vivans et qu'on les enchaîne ! » La première charge fut terrible, la plupart des Arméniens en conçurent tant d'épouvante, qu'ils lâchèrent pied. Vahan, les princes, ses amis, et un petit nombre de braves qui n'étaient que trente en tout, restèrent seuls sur le champ de bataille. Sans s'effrayer de leur petit nombre, ils marchèrent en avant lances baissées et glaives levés contre leurs ennemis. Ils jonchèrent le champ de bataille de mort, et réussirent à se faire jour à travers les bataillons perses.

Quatre de ces héros se jetèrent au milieu de Arméniens apostats, attaquèrent le traître prince de Siounik, le tuèrent d'un coup de lance dans la poitrine, et périrent eux-mêmes après avoir immolé une multitude d'ennemis. Ce furent les seules qui succombèrent dans cette lutte.

Vahan et ses compagnons, après s'être couverts de gloire, s'arrêtèrent à peu de distance du champ de bataille; là, en présence de l'ennemi qu'ils venaient d'humilier et dont ils bravaient la puissance, ils firent parader leurs coursiers agiles.

Cet échec produisit le plus fâcheux effet sur les troupes persanes dont le découragement s'empara; Schapour ne songea plus à poursuivre les Arméniens, car il avait peur que ses troupes démoralisées ne s'y refusassent, et il prit le parti de se retirer dans une province où il se croyait en sûreté.

Pendant ce temps, Vahan grossissait le nombre de ses partisans et les dirigeait au cœur de l'Arménie. Il ne tarda pas à arriver à Dovin où il rendit grâces à Dieu des succès extraordinaires qu'il avait obtenus; là, il se réunit aux princes demeurés fidèles, et se concerta avec eux pour délivrer leur chère patrie du joug des Perses.

Sur ces entrefaites, la nouvelle de la mort de Bérose, de la destruction complète de son armée et de la perte de tous les personnages illustres qui faisaient la force de la monarchie persane, fut répandue dans tout le pays. Des courriers extraordinaires, expédiés par les grands de la Perse assemblés à Ctésiphon, arrivèrent en même temps auprès de Schapour en Arménie, et d'Hazaravougd en Ibérie. On pressait les deux généraux de réunir sans différer toutes leurs troupes, et de se diriger à marches forcées vers la Perse pour contribuer à la défense de la patrie menacée d'une prochaine invasion par les Kouchuns victorieux, ou Huns Hephthalites.

Lorsque Vahan et ses compagnons apprirent ces nouvelles de la mort du roi, de la ruine de l'armée persane, et du départ des deux généraux qui la poursuivaient, ils se crurent délivrés de la tyrannie des Perses, et se livrèrent à l'espoir de l'affranchissement et de la paix.

Les grands de la Perse rassemblés mirent la couronne sur la tête de Balas ou Vagarche, qui était d'un caractère doux, pacifique et modéré. Dès les premiers momens de son règne, il s'occupa d'apaiser la guerre qui désolait l'Arménie depuis plusieurs années.

Hazaravougd, qui connaissait mieux qu'aucun autre la situation des affaires en ce pays et les véritables causes de la révolte de Vahan et de ses compagnons, parla au roi avec admiration de l'héroïsme et de la sagesse politique du prince Vahan, auquel il donna les plus grands éloges. Ses paroles ne pouvaient être suspectes, puisque c'était aux dépens de sa propre gloire qu'il exaltait celle des Arméniens. Il fut secondé par Schapour, qui avait commandé après lui en Arménie, et qui n'avait pas une admiration moins vive pour Vahan. Celui-ci dit un jour au roi : « Permettez-moi, sire, de rappeler à votre souvenir une action de cet homme extraordinaire. Dans une rencontre où j'étais présent, il osa affronter, lui trentième, une armée de trois mille hommes de vos invincibles troupes. S'élançant dans le camp, comme des moissonneurs dans les champs de blé, lui et ses hardis compagnons s'ouvrirent un chemin, en fauchant à droite et à gauche les épaisses files de soldats qui leur barraient le passage, et, après avoir ainsi traversé le camp, ils se promenèrent long-temps en vue de l'armée, pour jouir de notre désordre et observer notre confusion. C'est dans cette affaire que fut tué le gigantesque prince de Siounik, avec un grand nombre de vos plus braves serviteurs. » Le général termina en disant « qu'une fois l'Arménie soumise, les Ibériens et les Alains seraient forcés de suivre son exemple. »

C'est après les catastrophes que la raison de l'homme reprend d'habitude son équilibre. Balas, instruit par les fautes et les désastres qui avaient marqué le règne de ses prédécesseurs, éleva alors au poste de marzban d'Arménie un homme de distinction appelé Nikhor, qui joignait à beaucoup de politesse et de douceur un grand esprit de justice. On lui donna un corps d'armée, non pas pour combattre, mais pour appuyer les mesures qu'il faudrait prendre pour pacifier entièrement le pays.

Le nouveau gouverneur se mit en marche l'an 484; mais il n'essaya pas d'entrer trop avant en Arménie. Il s'arrêta sur les frontières par prudence, afin de ne pas alarmer les habitans, et recommencer malgré lui les hostilités. Il fit ensuite partir deux messagers, chargés d'informer Vahan qu'il était porteur d'une lettre du roi, dans laquelle ce prince l'invitait à rentrer sous l'obéissance des Perses, et à traiter de la paix à des conditions raisonnables.

Lorsque les envoyés de Nikhor furent arrivés chez Vahan, à Dovin, celui-ci convoqua un grand conseil de tous les princes et seigneurs, ses alliés, pour connaître et discuter les propositions du roi de Perse. Ils répondirent d'un commun accord qu'ils ne refusaient pas de traiter avec la Perse et de se soumettre à l'autorité du roi ; mais qu'il fallait, avant tout, leur accorder trois conditions essentielles, garanties par la signature et le sceau du monarque ; que sans cela ils ne pouvaient entendre à aucun arrangement, étant résolus de combattre jusqu'à la mort.

« La première condition était qu'on leur accordât le plein et entier exercice du culte chrétien, la destruction de tous les pyrées ou temples du feu construits en Arménie, et qu'on s'engageât formellement à ne plus tenter de corrompre aucun Arménien au moyen de l'argent, des honneurs et des places; de renoncer, en un mot, au prosélytisme en faveur de la religion des mages.

« La seconde condition était que dorénavant on rendît la justice et on distribuât les places et les récompenses d'après les règles de la plus stricte équité et selon le mérite réel de chacun, sans accorder de faveurs ni de dignités pour fait d'apostasie.

« Enfin, en troisième lieu, que le roi consentît à

s'occuper lui-même de l'administration des affaires de l'Arménie, sans prêter l'oreille aux délateurs mutins et jaloux qui faussent la politique gouvernementale. »

Vahan promettait, après l'adoption de ces conditions préliminaires, d'entrer sur-le-champ en négociation avec les officiers du roi. Cinq personnages, illustres par leur naissance et par leurs talens, furent chargés de porter cette réponse au camp des Perses. Ils furent reçus avec la plus grande distinction par Nikhor, qui fit un grand festin pour témoigner sa joie de leur arrivée, et qui, à chaque toast qu'il portait, prononçait le nom de Vahan après celui du roi de Perse, et lui souhaitait mille félicités.

Le lendemain, il rassembla son conseil, et on y lut la lettre de Vahan, en présence des envoyés. On accueillit les demandes des Arméniens, après en avoir reconnu la justice, et Nikhor écrivit aussitôt à Vahan une lettre, qu'il lui fit porter par le secrétaire de son conseil, et dans laquelle il l'assurait que « tout ce qu'il réclamait pour sa nation lui serait accordé, s'il venait s'aboucher avec lui dans son camp en toute confiance. » Les députés arméniens furent ensuite congédiés et comblés de présens. Les apostats, qui étaient présens à la réception des envoyés chrétiens, voyant les égards et les honneurs que l'on prodiguait à ceux qui avaient porté jusque-là le titre de révoltés et de rebelles, furent profondément humiliés, et se cachèrent honteusement, pour éviter les reproches que les soldats persans ne leur ménageaient en aucune manière.

Le messager de Nikhor et ceux de Vahan arrivèrent en même temps auprès du prince et de ses compagnons; celui-ci fut alors pleinement convaincu de la pureté des intentions du roi de Perse. Il assembla tous les seigneurs, ses confédérés, se mit à la tête de son petit corps de troupes, et se dirigea vers la province où était le camp des Perses. Il s'arrêta à une journée de distance, dépêcha un exprès au général persan pour l'informer de son arrivée, et lui demanda des otages avant leur entrevue. Nikhor consentit avec empressement à donner la garantie qu'on lui demandait, et livra aux Arméniens huit personnages d'un très haut rang. Après les avoir reçus avec la politesse et le cérémonial en usage dans ces sortes d'occasions, Vahan partit le lendemain pour le camp des Perses avec une escorte de cent soldats et plusieurs princes de ses adhérens.

Arrivé en vue du camp des Perses, Vahan rangea sa troupe en bataille et fit sonner toutes ses trompettes à-la-fois. Les Perses, en les entendant, prirent l'alarme et crièrent : « Trahison! trahison! aux armes! nous sommes perdus! » Nikhor se hâta de dépêcher à Vahan un de ses officiers : « Que signifie le son de ces trompettes? demanda l'envoyé persan. C'est un privilége accordé au seul général en chef de l'armée persane de faire sonner les trompettes de guerre à son arrivée dans un lieu quelconque et à son départ. —Commencez par me faire sujet de la Perse, répondit en habile politique le chef arménien, je saurai fort bien suivre ensuite les règles du cérémonial persan, sans avoir besoin d'un maître pour m'en instruire.

Lorsque Vahan fut entré dans le camp des Perses, Nikhor le reçut, lui et ses compagnons, avec les marques les moins équivoques d'amitié et de bienveillance. Les chefs discutèrent d'abord en conseil particulier, puis en conseil général, des conditions de la paix. On s'entendit sans peine malgré les intrigues des Arméniens apostats, qui s'efforçaient, par toutes sortes de moyens, de troubler le bon accord. Nikhor leur interdit l'entrée du conseil, et les chefs arméniens se traitèrent sur le pied d'une égalité parfaite.

Tout était convenu ; on avait envoyé au roi le résultat des négociations, et l'on n'attendait plus que la ratification définitive du traité, quand il survint un contre-temps qui arrêta la conclusion de cette paix également désirée des deux côtés. Un courrier expédié par la cour avait apporté à Nikhor l'ordre de rentrer sur-le-champ en Perse avec toutes les troupes qu'il commandait, pour réprimer la révolte de Zareh, fils du roi Bérose. Cet ordre était pressant. Nikhor le communiqua à Vahan, en ajoutant que c'était une excellente occasion de prouver au roi qu'il était réellement son sujet fidèle. « Confiez-moi, lui dit-il,
« un corps de troupes arméniennes, si petit qu'il
« soit; cela suffira pour mettre hors de doute la
« loyauté de vos intentions. » Vahan y consentit, et fit choix d'un corps de cavalerie, dont il donna le commandement à son propre neveu Grégoire.

Vahan retourna ensuite à Dovin avec ses compagnons, pour annoncer la paix, soulager les pauvres, comprimer l'anarchie, et dévouer enfin toute sa politique au bonheur de sa nation.

La petite troupe arménienne fut bien reçue de Balas, qui se rendit presque aussitôt à l'armée persane qui marchait contre les rebelles. Les Arméniens, formés par Vahan au métier des armes, firent merveille. Cette campagne, du reste, ne fut pas longue. Le prétendant et ses adhérens furent dispersés et en partie massacrés. La tranquillité rétablie, Balas combla d'éloges et de présens les soldats arméniens, et particulièrement le jeune et noble Grégoire.

Dès que Vahan fut informé des succès du roi, il résolut de se rendre à la cour, de sa personne, sans attendre plus long-temps la conclusion de la paix négociée avec Nikhor, tant il avait de confiance dans la droiture de Balas. Il partit donc accompagné des princes ses alliés, et suivi d'une troupe fort nombreuse. La nouvelle de son arrivée combla de joie le roi et les chefs de l'empire. On le reçut avec tous les honneurs qu'il méritait; le lendemain, on réunit un conseil dans le palais du roi pour y terminer ce qui concernait les affaires d'Arménie. Le roi, adressant la parole à Vahan, lui dit « qu'il connaissait les conférences qu'il avait eues avec Nikhor, ainsi que les divers messages qu'ils s'étaient adressés ; que ses demandes étaient justes, et qu'il n'était que trop vrai que son frère Bérose avait été, par sa tyrannie, la seule cause de la révolte des Arméniens, ainsi que de tous les malheurs de la Perse. » Il promit de s'occuper désormais lui-même des affaires de l'Arménie, et de confirmer par un écrit scellé du sceau de l'empire le traité qu'on avait conclu pour la pacification du pays ; « de sorte, ajouta-t-il, qu'aucun « de mes successeurs n'osera abolir cette promesse « solennelle et ce contrat éternel. » Vahan, dans sa réponse au roi, lui exposa avec autant de modestie que de fermeté les motifs de la conduite qu'avaient tenue les Arméniens restés fidèles à la religion de leurs pères. Son assurance, la sagesse et la mesure de ses paroles étonnèrent et gagnèrent tous les membres de l'assemblée. Il n'y eut qu'un avis sur les demandes de Vahan et sur les garanties qu'il désirait pour sa nation. Une paix perpétuelle fut conclue ; elle fut aussitôt signée et scellée par le roi.

Vahan, bientôt après, fut confirmé dans la possession de sa principauté, et revêtu du titre de général en chef d'Arménie. Les princes ses alliés obtinrent également l'investiture de leurs principautés héréditaires. Ils prirent ensuite congé de la cour de Perse et retournèrent dans leur pays, comblés des dons et des grâces du roi.

La nouvelle de l'heureuse issue des négociations et du triomphe de la foi chrétienne avait précédé les princes au pays d'Arménie : ils trouvèrent toute la nation en joie et en fêtes ; et lorsqu'ils atteignirent la frontière, les princes, les seigneurs, le peuple, le clergé, son vénérable patriarche Mantagouni en tête, vinrent à leur rencontre et les conduisirent processionnellement de ville en ville jusqu'à Dovin, où l'on rendit à Dieu de solennelles actions de grâces. Cette paix glorieuse, que l'on devait à l'énergie, à la valeur et à la persévérance de Vahan, fut l'occasion de réjouissances générales dans toute l'Arménie.

Peu après le départ de Vahan, le roi envoya en Arménie un marzban nommé Antégan. C'était un homme d'un caractère doux, prudent et juste. Il n'eut pas de peine à se concilier l'esprit des habitans, car il avait la plus grande confiance en Vahan, qu'il consultait en toute occasion, et ils agissaient de concert pour administrer équitablement le pays.

Le marzban fit un voyage à la cour, et, dans une conversation qu'il eut avec le roi sur les choses qu'il avait faites, et sur celles qui restaient à faire, il lui conseilla de donner la place de marzban d'Arménie à Vahan, qui, par sa naissance, ses hautes qualités et la juste considération dont il jouissait dans le pays, était le seul qui fût réellement digne de cet honneur. Les principaux ministres partagèrent l'opinion du gouverneur, et le roi, convaincu de la solidité de leurs raisons, s'y détermina

C'était sans doute une mesure de haute politique que celle par laquelle la Perse s'attachait l'Arménie; mais, d'un autre côté, on y découvre et on y admire l'œuvre de la divine Providence, qui couronnait ainsi les vœux et les efforts du grand Vartan, au bout de trente-cinq années, et qui faisait accomplir sa grande et difficile tâche par le neveu de ce héros, mort dans la guerre sainte. Le roi fit dresser une patente royale qui conférait à Vahan la dignité de marzban, et qui lui confiait le gouvernement de toute l'Arménie.

La nouvelle de cette nomination, qui n'avait pas été sollicitée, et à laquelle Vahan songeait moins que personne, répandit une joie universelle en Arménie. Le peuple se porta en foule dans les églises, le clergé en tête, et celles de Dovin, où se trouvaient le patriarche et Vahan, retentirent long-temps des bruyantes actions de grâces d'une multitude enivrée de joie.

Vahan se transporta au palais du gouverneur, accompagné du clergé et des princes, et il fut mis solennellement en possession de sa dignité.

Un de ses premiers soins fut de faire une visite générale du pays pour y organiser une administration sage et paternelle, pour y détruire les temples du feu et y relever les églises et les monastères. La plupart des Arméniens qui, soit par crainte, soit par d'autres motifs, avaient professé jusque-là le magisme, y renoncèrent volontairement, et firent publiquement profession de la religion chrétienne. Il ne lui fut pas difficile de réparer les maux que la guerre et les désordres des dernières années avaient causés dans le pays. Le savant et pieux patriarche seconda de tout son pouvoir les efforts de Vahan, et, par leur administration paternelle, ils parvinrent de concert à réorganiser toute l'Arménie, tant au spirituel qu'au temporel.

Quelque temps après, Vahan nomma, avec la permission du roi, son frère Vart général en chef des troupes d'Arménie. C'est ainsi que la modération et l'esprit pacifique du roi Balas parvinrent à lui concilier sans effort l'affection des Arméniens, et à rétablir la tranquillité, non-seulement dans l'Arménie persane, mais dans l'Ibérie et l'Albanie.

Je croyais terminer ici l'histoire de l'héroïque et légitime révolution dont l'Arménie, grâce au courage et à la fermeté des chrétiens, sortit triomphante : mais, hélas! ceux qui sont enchaînés pour leur malheur aux destinées d'un peuple changeant, flottant et léger, comme sont les Perses, ne peuvent compter sur rien de stable! Balas, ce prince doué d'excellentes qualités, était sans talens militaires, et cela ne convenait nullement à la belliqueuse noblesse persane; les grands de son royaume conspirèrent contre lui, et le détrônèrent la quatrième année de son règne. On mit à sa place Cabad, fils de Bérose, l'an 487. Ce jeune prince, aussi turbulent que son père, est un des plus méchans rois que la Perse ait eus; il a mis en feu son royaume et toutes les nations voisines.

Vahan, gouverneur d'Arménie, avait été fort affligé de la révolution qui avait renversé le trône de Balas; il regrettait les qualités douces et pacifiques de ce prince, qui avait déjà fait tant de bien à l'Arménie. Il ne laissa pas cependant de se rendre à la cour, comme l'exigeait sa dignité de gouverneur; il y fut bien accueilli. On le combla d'honneurs, et il fut confirmé dans la dignité de marzban, qu'il avait reçue de Balas. Vahan dut sans doute ces faveurs royales aux généraux, ses anciens protecteurs, qui étaient demeurés favoris de Cabad.

Au bout de six ou sept années, la politique de la cour persane changea : on oublia les promesses et les enseignemens du passé; on ferma les yeux sur ses propres intérêts, et l'on envoya un nouveau marzban en Arménie. C'était une injustice criante; mais pourtant le peuple et Vahan eussent subi cet affront sans se soulever, si ce nouveau gouverneur n'avait pas amené avec lui une foule de mages, élève d'un nouveau chef de secte appelé Mazdak, qui se mirent en devoir de relever les pyrées, et de recommencer ce système de prosélytisme dont l'Arménie était à peine délivrée.

Irrités de cette violation hardie et injustifiable de la foi jurée, les Arméniens se révoltèrent de nouveau, sous les ordres de Vahan, et, l'Évangile et les patentes royales à la main, ils renversèrent les pyrées, massacrèrent les mages, et taillèrent en pièces une armée entière de Perses.

Vahan, avec le consentement des princes, ses alliés, députa ensuite à l'empereur de Constantinople, pour le prier de les recevoir, ainsi qu'une bonne partie de l'Arménie, pour sujets de l'empire.

Anastase n'osa accepter cette proposition, qui eût été entre Cabad et lui un grand motif de guerre; les Grecs étaient déjà bien loin du caractère des Romains, qui se montraient toujours disposés à secourir les peuples voisins de leurs frontières qui réclamaient leur assistance, ou du moins à s'interposer entre eux et leurs oppresseurs.

Un prince aussi violent que l'était Cabad aurait exemplairement puni la révolte des Arméniens, s'il n'eût eu de tous côtés des soulèvemens à apaiser; la Perse même était agitée, et les plus grands seigneurs de ce royaume conspiraient ouvertement contre ce jeune roi, qui régnait en tyran et en furieux. Cabad passa par bien des alternatives de revers et de prospérités, et les leçons de l'expérience ne furent pas perdues pour lui : il devint plus modéré, mit en oubli le soulèvement des Arméniens, leur rendit la liberté du culte, et Vahan continua d'être le chef du royaume, avec le titre de marzban.

Cet homme illustre, le plus grand général, le plus fin politique et le plus vertueux patriote dont l'Arménie puisse s'enorgueillir, gouverna près de trente ans sans exciter le plus léger blâme. Il augmenta la prospérité du pays, releva l'honneur national, le fit estimer de tous les peuples voisins, et mourut enfin, à l'âge de soixante-et-dix ans, l'an 510, regretté de sa nation, pleuré de ses amis, en laissant à son digne frère Vart l'héritage de son administration et de ses vertus patriotiques.

FIN.

www.ingramcontent.com/pod-product-compliance
Lightning Source LLC
Chambersburg PA
CBHW070656050426
42451CB00008B/381